MÉMENTO SUR LA PRIVATION DE LIBERTÉ

D/2021/4910/2 ISBN : 978-2-8061-0562-2

© Academia – L'Harmattan s.a.
Grand'Place, 29
B-1348 Louvain-la-Neuve

www.editions-academia.be

Julie Dubois

MÉMENTO SUR LA PRIVATION DE LIBERTÉ

ACADEMIA

La liberté. Un mot, un concept pour désigner cet aspect de notre vie où l'on peut aller et venir sans nuire à autrui, sans être en opposition avec les lois. Dire et faire ce que l'on pense dans le respect des autres. Nous sommes libres individuellement et collectivement dans notre état de droit qu'est la Belgique. Cela passe par la liberté de culte, d'opinion, de circulation, économique, contractuelle, civile. Mais aussi par la liberté de la presse, d'association, de réunion, d'information, de pensée. Et tant d'autres...

Priver une personne de sa liberté, c'est attenter à l'ensemble de tous ces aspects. Cet écrit a pour but d'expliquer de manière simplifiée et compréhensible une situation à laquelle le citoyen belge pourrait être confronté un jour.

I. Textes légaux

Ce chapitre concerne :
– l'article 12 de la Constitution,
– la loi sur la détention préventive du 20 juillet 1990,
– la déclaration universelle des droits de l'homme du 10 décembre 1948,
– la loi Franchimont du 12 mars 1998,
– la loi du 07 juin 1969.

Priver une personne de sa liberté ne se fait pas n'importe comment et envers n'importe qui. Des textes légaux encadrent ces arrestations ainsi que la manière de faire des intervenants amenés à priver une personne de sa liberté. Ce memento, dans ses commentaires et dans ses sources, se base sur ces textes légaux repris tout au long des différents chapitres. Certains de ces textes sont fondamentaux et méritent d'être mentionnés en introduction. Ces derniers sont les suivants :

- ***L'article 12 de la Constitution***

« La liberté individuelle est garantie. Nul ne peut être poursuivi que dans les cas prévus par la loi, et dans les formes qu'elle prescrit. Hors le cas de flagrant délit, nul ne peut être arrêté qu'en vertu d'une ordonnance motivée du juge qui doit être signifiée au plus tard dans les 48 heures de la privation de liberté et ne peut emporter qu'une mise en détention préventive. »

- ***La loi sur la détention préventive du 20 juillet 1990***

L'article premier de la loi sur la détention préventive stipule que l'arrestation en cas de flagrant crime ou de flagrant délit est soumise aux règles reprises ci-dessous :

1° La privation de liberté ne peut en aucun cas dépasser 48 heures.

2° Les agents de la force publique mettent immédiatement à la disposition de l'officier de police judiciaire toute personne soupçonnée dont ils ont empêché la fuite. Le délai de 48 heures prévu au 1° prend cours à partir du moment où cette personne ne dispose plus, à la suite de l'intervention de l'agent de la force publique, de la liberté d'aller et de venir.

3° Tout particulier qui retient une personne prise en flagrant crime ou en flagrant délit dénonce immédiatement les faits à un agent de la force publique. Le délai de 48 heures prévu au 1° prend cours à partir du moment de cette dénonciation.

4° Dès que l'officier de police judiciaire a procédé à une arrestation, il en informe immédiatement le procureur du Roi par les moyens de communication les plus rapides. Il exécute les ordres donnés par ce magistrat en ce qui concerne tant la privation de liberté que les devoirs à exécuter.

5° Si l'infraction fait l'objet d'une instruction, l'information prévue au 4° est communiquée au juge d'instruction.

6° Il est dressé procès-verbal de l'arrestation.

Ce procès-verbal mentionne :

- l'heure précise de la privation de liberté effective, avec indication détaillée des circonstances dans lesquelles la privation de liberté s'est effectuée.

- les communications faites conformément aux 4° et 5°, avec l'indication de l'heure précise et des décisions prises par le magistrat.

L'article 2 parle des cas hors les cas de flagrant crime ou de flagrant délit. Dans ces cas-là, une personne à l'égard de laquelle il existe des indices sérieux de culpabilité relatifs à un crime ou à un délit ne peut être mise à la disposition de la justice, et pour une durée qui ne peut dépasser 48 heures, que dans le respect des règles suivantes :

1° La décision de l'arrestation ne peut être prise que par le procureur du Roi.

2° Si cette personne tente de fuir ou tente de se soustraire à la surveillance d'un agent de la force publique, des mesures conservatoires peuvent être prises en attendant que le procureur du Roi, informé immédiatement par les moyens de communication les plus rapides, prenne une décision.

3° La décision d'arrestation est immédiatement notifiée à l'intéressé. Cette notification consiste en une communication verbale de la décision dans la langue de la procédure.

4° Il est dressé un procès-verbal qui mentionne :

- la décision et les mesures prises par le procureur du Roi, et la manière dont elles ont été communiquées.

- l'heure précise de la privation de liberté effective, avec l'indication détaillée des circonstances dans lesquelles la privation de liberté s'est effectuée.

- l'heure précise de la notification à l'intéressé de la décision d'arrestation.

5° La personne arrêtée ou retenue est mise en liberté dès que la mesure a cessé d'être nécessaire. La privation de liberté ne peut en aucun cas dépasser 48 heures à compter de la notification de la décision ou, si des mesures conservatoires contraignantes ont été prises, à compter du moment où la personne ne dispose plus de la liberté d'aller et de venir.

6° Lorsque le juge d'instruction est saisi, il exerce les compétences attribuées au procureur du Roi par le présent article.

Enfin, **l'article 16**, concerne la privation de liberté au-delà du délai de 48 heures, décidée par un juge d'instruction envers une personne pour laquelle il existe des indices sérieux de culpabilité d'une infraction qu'elle aurait commise, infraction punissable d'une peine d'emprisonnement de plus d'un an. Cette détention est dite préventive, car la personne n'est pas encore passée devant un tribunal pour statuer sur une décision, un jugement, mais est gardée en détention pour éviter tout risque de : collusion avec des tiers, de soustraction à la justice, de perte ou de destruction de preuves, ou encore, car cette personne représente un danger pour la société (excepté pour les faits punissables de plus de 15 ans).

Cette détention va durer le temps nécessaire pour que la personne passe devant une juridiction compétente qui va juger les faits pour lesquels la personne est soupçonnée.

- ***La Déclaration universelle des droits de l'homme du 10 décembre 1948***

Et notamment les articles 3 et 9 :

Article 3 : Tout individu a droit à la vie, à la liberté et à la sûreté de sa personne.

Article 9 : Nul ne peut être arbitrairement arrêté, détenu ou exilé.

- ***La loi Franchimont du 12 mars 1998***

Loi qui règle notamment les phases d'information et de jugement lors de la procédure pénale et qui prend en compte les droits des victimes et des membres de leur famille.

- ***La loi du 7 juin 1969***

Loi fixant le temps pendant lequel il ne peut être procédé à des perquisitions, des visites domiciliaires ou des arrestations.

II. La justice belge en pratique, terminologie et principes en droit de la procédure pénale

Ce chapitre concerne :
– les principes de la procédure pénale,
– l'information judiciaire et la mini instruction,
– l'instruction et la chambre du conseil,
– les catégories d'infraction,
– la correctionnalisation,
– la notion de flagrant délit,
– terminologie des personnes privées de liberté,
– notion de lieu public, lieu privé et domicile.

Afin de bien comprendre les tenants et aboutissants d'une privation de liberté, il convient d'expliquer quelques termes et principes de droit belge.

Une partie de la procédure pénale belge va reposer sur le droit pénal et le droit de la procédure pénale. Le droit pénal est divisé en deux livres. Le livre I qui parle du droit pénal général et le livre II qui prévoit les infractions. Ensuite, vient le droit de la procédure pénale qui garantit la mise en œuvre du droit pénal dans le respect des droits et des libertés fondamentaux.

A. Principes

La procédure pénale est balisée par plusieurs principes, notamment ceux qui suivent :

1. Le droit à la contradiction.

Aucun élément ne peut être utilisé en justice s'il n'a pas été soumis à la contradiction. Toutes les parties doivent avoir accès au dossier pour permettre le débat.

2. La présomption d'innocence.

Cette présomption va avoir des conséquences au niveau de la charge de la preuve qui incombe à la partie poursuivante (donc au parquet), même s'il existe des exceptions comme certains procès-verbaux qui font foi jusqu'à preuve du contraire comme en roulage (c'est la personne qui doit prouver son innocence), ou les procès-verbaux qui font foi jusqu'à inscription de faux (il faut donc prouver que ce procès-verbal est un faux).

3. Le double degré de juridiction.

Par exemple, une personne est condamnée par le tribunal de police. Cette personne fait appel auprès du tribunal correctionnel, soit une juridiction de degré supérieur. Au-dessus du tribunal correctionnel se trouve la chambre correctionnelle de la cour d'appel. Ce n'est pas parce qu'il y a des échelons au-dessus que l'on interjette appel encore et encore, indéfiniment. Il n'existe pas de triple degré d'appel.

4. La publicité des audiences.

Mais il existe là aussi des exceptions comme le huis clos pour tout ou une partie du procès sur décision, sauf le prononcé qui est toujours en audience publique.

5. Droit à un procès équitable.

Toute personne doit être jugée dans un délai raisonnable et doit avoir accès à un tribunal qui doit être indépendant, impartial et reconnu par la loi, dont les décisions doivent être motivées et le débat rendu public (sauf exceptions prévues par la loi comme le huis clos).

6. *Non bis in idem*.

On ne juge pas deux fois une personne pour les mêmes faits.

Dans la procédure pénale, il existe trois phases :

– **la phase préliminaire**, qui est l'enquête pénale (on constitue le dossier répressif) ;

– **la phase de jugement** (on passe devant le juge) ;

– **les voies de recours** (comme l'appel).

Ce qui nous intéresse pour la privation de liberté est la phase préliminaire qui se divise en deux parties :

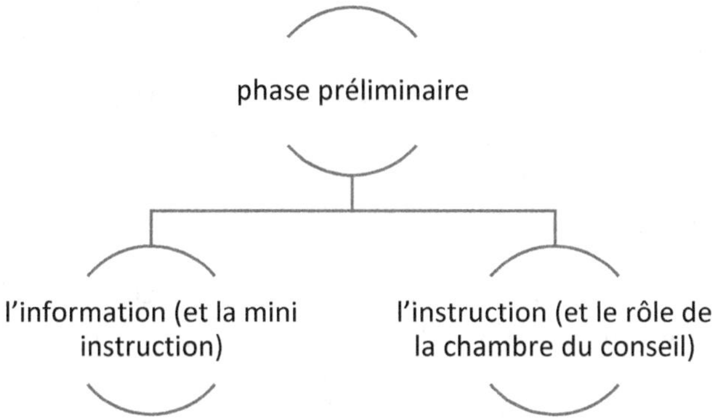

L'information judiciaire s'effectue sous l'autorité du procureur du Roi et l'instruction sous l'autorité du juge d'instruction.

B. L'INFORMATION ET L'INSTRUCTION JUDICIAIRE

1. L'information judiciaire et la mini-instruction.

L'information judiciaire reprend l'ensemble des actes permettant la recherche de l'existence d'une infraction, des preuves de celle-ci et de ses auteurs au moyen de divers actes d'enquête réalisés par les services de police. Le procureur du Roi averti d'une infraction va donc rassembler tous les éléments lui permettant de savoir ce qu'il s'est passé. Concrètement, cela passe par des auditions de suspects, de victimes et de témoins, des enquêtes de voisinage, des analyses d'images de caméra, des fouilles, des saisies, des analyses bancaires, des visites domiciliaires et/ou des perquisitions en cas de flagrant délit, des repérages et des localisations (également en cas de flagrant délit), des exploitations de systèmes informatiques saisis. Le Code d'instruction criminelle prévoit que « l'information est conduite sous la direction et l'autorité du procureur du Roi compétent. Il en assume la responsabilité ».

Le procureur du Roi est un magistrat membre du ministère public. Il est compétent sur l'arrondissement judiciaire sur lequel il travaille, sauf pour la jeunesse. Pour un mineur, le procureur du Roi compétent est celui du lieu de son domicile. Donc, si un mineur commet une infraction à Bruxelles par exemple et qu'il est domicilié à Charleroi, c'est le procureur du Roi de Charleroi qui sera avisé et non celui de Bruxelles. Ce n'est pas le cas pour les majeurs. Ce sera le procureur du Roi du lieu de commission de l'infraction qui sera compétent même si le majeur habite Anvers.

Certains actes d'enquête que va demander le procureur du Roi sont attentatoires aux libertés individuelles comme la perquisition hors flagrant délit, la privation de liberté au-delà de 48 heures, les repérages de téléphonies hors flagrant délit, la prise de connaissance de correspondances privées. Ces actes doivent alors être accomplis par un juge d'instruction saisi par le procureur du Roi soit via une mini-instruction, soit via une mise à l'instruction complète du dossier (voir ci-après).

La mini-instruction permet au procureur du Roi de solliciter un juge d'instruction dans le cadre de l'information pour que celui-ci accomplisse un acte d'instruction déterminé sans que l'affaire soit mise à l'instruction. Toutefois, pour certains actes d'instruction, le recours à la mini-instruction est interdit. Ceci est, par exemple, le cas pour la délivrance d'un mandat d'arrêt.

À la fin de l'information judiciaire, le procureur du Roi peut :

- soit classer sans suite le dossier si des charges sont insuffisantes, par exemple si l'auteur est inconnu ;

- soit poursuivre la personne en la citant devant le tribunal de police ou correctionnel.

Il peut également demander que le dossier passe entre les mains d'un juge d'instruction s'il estime que la délivrance d'un mandat d'arrêt est nécessaire et/ou que des actes d'enquête doivent être réalisés et qu'ils ne sont possibles que s'il y a mise à l'instruction. Comme il y a atteinte à certaines libertés, le dossier complet est alors transmis auprès du juge d'instruction.

L'information judiciaire s'arrête là où commence l'instruction.

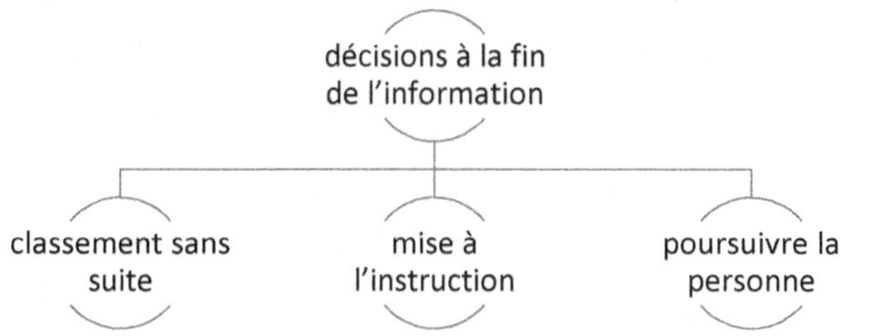

2. L'instruction judiciaire et la chambre du conseil.

L'instruction judiciaire se fait sous l'autorité du juge d'instruction qui est un magistrat auprès du tribunal de première instance. Elle comprend l'ensemble des actes de recherche des auteurs des infractions et des preuves. Il est saisi d'un fait infractionnel et ne recherche pas les infractions contrairement au procureur du Roi.

Le juge d'instruction est indépendant et impartial. *A contrario*, le procureur du Roi, lui, est partie à la cause défendant les intérêts de la société. Le juge d'instruction instruit donc à charge et à décharge. Il dispose des mêmes compétences que le ministère public, mais il peut ordonner des actes ou des devoirs d'enquête qui portent atteinte à la vie privée ou à toute autre liberté comme la délivrance d'un mandat d'arrêt, d'un mandat d'amener ou des perquisitions.

Concrètement : dans le cadre d'une privation de liberté judiciaire, une personne suspectée d'avoir commis une infraction (par exemple un viol) est privée de liberté par les services de police au moyen de mesures conservatoires (mettre des menottes, empêcher la personne d'aller et venir comme elle le désire). Cette privation doit en premier lieu être confirmée ou infirmée par un officier de police judiciaire. Si la privation est confirmée, la personne passe alors dans la phase préliminaire de l'information entre les mains du procureur du Roi. Si l'information nécessite des devoirs complémentaires portant atteinte à des libertés, le procureur du Roi fait suivre l'enquête auprès du juge d'instruction. La personne privée de sa liberté va passer devant le juge d'instruction qui va délivrer ou non un mandat d'arrêt après interrogatoire. Une fois ce mandat délivré, la personne va être écrouée en prison. C'est le début de la détention préventive. Concernant ce mandat d'arrêt, la chambre du conseil va avoir un rôle majeur dans les suites de la privation de liberté.

La chambre du conseil est une chambre du tribunal de première instance où siège à huis clos un juge du tribunal de première instance, le ministère public, ainsi que le juge d'instruction. Sont également présents l'inculpé assisté de son avocat.

Cette chambre examine toute privation de liberté dans les 5 jours de la délivrance du mandat d'arrêt puis, de mois en mois (ou de 3 mois en 3 mois en fonction de l'infraction commise). Le but étant de savoir s'il y a lieu de maintenir ou de lever le mandat d'arrêt.

À l'issue de l'instruction, la chambre du conseil va procéder au règlement de procédure en vue de clôturer l'instruction et statuer, le cas échéant, une dernière fois sur la détention préventive de la personne. À l'issue de l'instruction, le juge d'instruction communique son dossier au ministère public afin que celui-ci fasse son réquisitoire. Il y sollicite principalement soit le renvoi de l'inculpé devant le tribunal correctionnel, soit un non-lieu s'il n'y a pas de charges suffisantes à l'issue de l'enquête.

Lors du règlement de procédure, il est décidé, par ordonnance séparée, du maintien ou non en détention de l'inculpé. Celui-ci est assisté par son avocat. Les ordonnances rendues sont susceptibles d'appel devant la chambre des mises en accusation.

Si la chambre du conseil décide du maintien en détention, la personne restera en prison jusqu'à son passage devant la juridiction de jugement (juridiction qui va juger les faits). Le plus souvent, il s'agit du tribunal correctionnel.

La chambre du conseil via son juge unique peut soit :

- renvoyer l'inculpé en jugement ;
- rendre une ordonnance de non-lieu s'il n'y a pas de charges suffisantes ;
- le cas échéant, maintenir ou lever le mandat d'arrêt ;
- annuler un acte d'instruction ou toute la procédure s'il y a irrégularité, omission ou cause de nullité ;
- surseoir à statuer afin de renvoyer le dossier pour solliciter des devoirs complémentaires au juge d'instruction.

Les audiences à la chambre du conseil ainsi que ses décisions ne sont pas publiques (sauf exception pour les décisions dans de très rares cas).

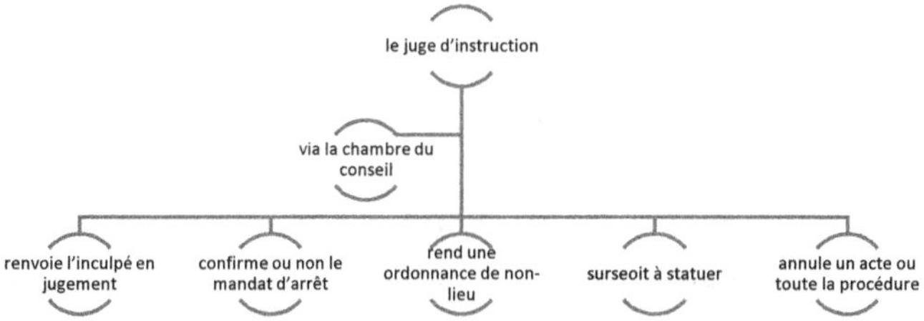

C. LES CATÉGORIES D'INFRACTION :

En Belgique et dans le Code pénal de notre pays, il existe trois types d'infractions :

1. La contravention :

La contravention est l'infraction la moins grave qui est punissable de 1 à 7 jours d'emprisonnement ou d'une amende de 1 à 25 euros ou de 20 à 45 heures de peine de travail. Il s'agit par exemple de l'ivresse publique, d'une infraction au Code de la route.

Le tribunal de police est compétent pour ce type d'infraction.

2. Le délit :

Le délit est une infraction punissable d'un emprisonnement de minimum 8 jours à un maximum de 5 ans ou d'une amende à minimum 26 euros ou de 46 à 300 heures de peine de travail. Ce type d'infraction concerne par exemple le vol, l'escroquerie, les coups et blessures. Le tribunal correctionnel est compétent pour ce type d'infraction.

3. Le crime :

Le crime est une infraction punissable d'une peine d'emprisonnement de minimum 5 ans, de travaux forcés ou d'une amende de minimum 26 euros. C'est la cour d'assises qui s'occupe de juger les crimes. Toutefois, cette cour tend à disparaître et les crimes, pour qu'ils puissent être jugés sont alors dits « correctionnalisés » pour pouvoir être jugés par le tribunal correctionnel. Ces crimes sont, par exemple, les viols, les meurtres.

D. LA CORRECTIONNALISATION

La correctionnalisation d'un crime se fait par admission de circonstances atténuantes (la personne est passée aux aveux, prise en compte de sa situation personnelle, professionnelle) ou de causes d'excuses atténuantes (par exemple, un fait de coups et blessures qui a été provoqué par des violences faites envers des personnes). Il revient au parquet et aux juridictions d'instruction – voire au juge qui va juger les faits lorsqu'un crime n'a pas été régulièrement correctionnalisé par les juridictions d'instruction – de correctionnaliser un crime. Cela se fait au cas par cas.

E. Notion de flagrant délit/flagrant crime

Les trois types d'infractions citées *supra* peuvent être commises en **flagrant délit**. Le Code d'instruction criminelle en son article 41 définit le flagrant délit comme étant « le délit qui se commet actuellement ou qui vient de se commettre ».

Exemples :

– donner des coups à une personne alors que la police est présente ;

– être poursuivi par la clameur publique si un vol vient de se commettre et être désigné comme suspect à la police ;

– retrouver un individu qui se trouve en possession d'objets, d'armes ou d'instruments faisant présumer qu'il est l'auteur ou le complice d'une infraction.

Cet état perdure tant qu'il n'y a pas eu d'interruption au niveau de l'enquête depuis la commission de l'infraction et permet à un officier de police judiciaire de mettre en œuvre ses compétences dites « extraordinaires » en partie définies dans le Code d'instruction criminelle. En effet, dans le cadre de la flagrance, un officier de police judiciaire pourra confirmer une arrestation, demander qu'une fouille judiciaire soit réalisée sous sa responsabilité, aller en perquisition dans le cadre de stupéfiants, sans mandat ou accord de la personne impliquée par exemple.

Le flagrant délit permet également à un quidam de retenir une personne ayant commis une infraction le temps que les services de police arrivent. Par exemple, un agent de sécurité d'un magasin ou un employé qui surprend un individu en plein vol à l'étalage.

Enfin, la flagrance implique que le parquet peut prendre certaines mesures relevant de la compétence du juge d'instruction comme effectuer une perquisition de nuit (uniquement au domicile de la personne), effectuer un repérage téléphonique ou encore une localisation, pour certaines infractions telles que la séquestration, le viol, la prise d'otage.

F. TERMINOLOGIE DES PERSONNES PRIVÉES DE LEUR LIBERTÉ

La ou les personnes privées de leur liberté sont appelées « suspects ». Le suspect peut passer d'inculpé à prévenu/accusé et condamné.

1. Le suspect

Le suspect est une personne considérée comme auteur potentiel d'une infraction lorsqu'il existe des indices sérieux de culpabilité.

2. Le prévenu

Le prévenu est une personne qui fait l'objet de poursuites devant un tribunal pénal autre qu'une cour d'assises pour répondre d'un délit ou d'un crime.

3. L'accusé

L'accusé est une personne renvoyée par les autorités judiciaires devant une cour d'assises pour répondre d'un crime.

4. L'inculpé

L'inculpé est la personne qui fait l'objet d'une inculpation durant l'instruction. On lui attribue la faute, la commission de l'infraction par des faisceaux d'indices sérieux de culpabilité. Il deviendra prévenu ou accusé en fonction de son renvoi devant la juridiction compétente.

5. Le condamné

Le condamné est la personne reconnue coupable par une juridiction, quelle qu'elle soit.

G. Lieu public, lieu privé et domicile

En droit, il y a également lieu de distinguer les notions de lieu public, lieu privé autres que le domicile et le domicile et ses dépendances. Ces notions vont impacter les services de police s'il y a une privation de liberté, car on ne peut entrer dans certains lieux comme on le ferait dans d'autres.

1. Lieu public

Un lieu public concerne les terrains ouverts au public et les terrains non publics, mais ouverts à un certain nombre de personnes (salles de cinéma, magasins, communs d'un immeuble...)

2. Lieu privé, mais qui n'est pas un domicile

Un lieu privé, mais qui n'est pas un domicile concerne les basses-cours, jardins et tout terrain clos ainsi que les granges, écuries et tout autre édifice qui y est érigé, quel qu'en soit l'usage.

3. Le domicile

Le domicile est, en règle générale, le lieu où une personne est inscrite au registre national. Mais il peut s'agir de l'endroit où elle vit réellement sans y être domiciliée. Il s'agit d'un lieu, en ce compris les dépendances propres y encloses, occupé par une personne en vue d'y établir sa demeure ou sa résidence réelle.

Dans cet endroit, la personne a droit au respect de son intimité, à sa tranquillité, à sa vie privée. Ce domicile est réputé inviolable. À titre d'exemple, il peut s'agir d'une maison, mais également d'une caravane, d'un squat... Tout lieu où l'on peut établir un lieu de vie durable a la même protection qu'un domicile ressortant au registre national. Toutefois, il existe des exceptions pour lesquelles les services de police pourront pénétrer dans le domicile. Elles sont reprises ci-dessous :

– En cas de sinistre, de catastrophe ou d'un danger qui ne peut être écarté autrement que par l'intervention des services de police.

– En cas d'incendie, d'inondation.

– S'il y a réquisition du chef de maison ou appel provenant de ce domicile. Par exemple, une victime de coups et blessures dans la sphère familiale fait appel à la police.

– En cas de flagrant délit avec la présence d'un officier de police judiciaire ou d'un magistrat.

– Si le domicile sert à la fabrication, la préparation, la conservation ou l'entreposage de drogue ou s'il y a consommation de drogue en présence de mineurs.

– Lorsqu'il existe des indices sérieux que des armes à feu, des explosifs, des armes nucléaires, des armes biologiques ou chimiques ou des substances nocives ou dangereuses pouvant mettre des vies humaines en danger en cas de fuite, peuvent être découverts.

– Si les services de police ont un mandat de perquisition pour le domicile en question. Dans ce cas, ce mandat pourra s'effectuer entre **5 heures et 21 heures uniquement**. Il est à noter qu'il est possible pour un policier de venir fouiller un domicile entre 21 heures et 5 heures du matin si les habitants acceptent que ce dernier le fasse en signant un **consentement de visite domiciliaire**. Seuls les habitants majeurs et domiciliés à l'adresse peuvent donner leur consentement par écrit et préalable à une telle visite et donner des restrictions à celle-ci (par exemple, ne pas fouiller la cave), mais une fois le consentement donné et le début de la fouille effectuée, il n'est plus possible de retirer le consentement.

– Si les services de police possèdent un mandat d'arrêt ou un mandat d'amener envers l'habitant du domicile ou une personne présente dans le domicile.

– Si la police est accompagnée d'un juge d'instruction, même sans mandat.

– S'il y a soupçon de contrefaçons présentes dans le domicile et qu'il y a une autorisation du juge de police.

– S'il y a soupçon de maltraitance animale ou de détention d'animaux interdits et qu'il y a une autorisation du juge de police.

– En présence d'un huissier de justice dans le cadre de saisie (meubles, logement).

– Si les services de police ont une ordonnance de capture.

– Dans le cadre de terrorisme.

Il est à noter qu'a contrario, dans un lieu public ou accessible au public (magasin, café par exemple), il ne sera pas demandé d'autorisation pour entrer dans ce lieu, mais ce, uniquement dans les parties accessibles au public et pendant les heures d'ouverture.

III. Les mandats et décisions de justice

Ce chapitre concerne :
– le mandat d'amener,
– le mandat d'arrêt,
– l'ordonnance de prise de corps,
– l'ordonnance de capture,
– l'arrestation immédiate,
– le mandat d'arrêt européen,
– le mandat de perquisition.

Outre la commission d'infraction en flagrant délit, les phases d'information et d'instruction, il existe d'autres manières permettant à la justice de priver une personne de sa liberté. Il s'agit des différents mandats et décisions de justice :

- le mandat d'amener ;
- le mandat d'arrêt ;
- l'ordonnance de prise de corps ;
- l'ordonnance de capture ;
- l'arrestation immédiate ;
- le mandat d'arrêt européen.

A. LE MANDAT D'AMENER

Le mandat d'amener est une décision par laquelle un juge d'instruction ordonne à un agent de la force publique d'amener une personne, si nécessaire par utilisation de la force, à comparaître devant lui à des fins d'audition. Il sera décerné, par exemple, pour un témoin qui refuse de comparaître ou pour une personne sur laquelle il pèse des indices sérieux de culpabilité de crime ou de délit. Le délai de privation de liberté est de 48 heures (délai ramené à 24 heures pour un témoin). Ce mandat permet aux services de police de pénétrer dans le domicile de la personne entre 5 heures et 21 heures.

B. LE MANDAT D'ARRÊT

Le mandat d'arrêt est un mandat délivré par le juge d'instruction en cas d'absolue nécessité pour garantir la sécurité publique sur base d'indices sérieux de culpabilité à l'encontre d'un inculpé punissable d'un emprisonnement correctionnel d'un an ou plus. La personne est donc privée de sa liberté au cours de l'enquête avant toute décision prise par le juge du tribunal compétent qui va juger les faits. Il s'agit de la détention préventive. Pour des faits dont la peine est inférieure à 15 ans, le juge d'instruction doit respecter au moins un des quatre critères suivants pour décerner un mandat d'arrêt :

- risque de faire disparaître des preuves ;
- risque de commission de nouveaux crimes et délits ;
- risque de se soustraire à la justice ;
- risque d'entrer en collusion (s'entendre secrètement pour porter préjudice) avec des tiers ou complices.

Pour des délais supérieurs à 15 ans, par exemple en cas de terrorisme ou d'assassinat, le juge d'instruction peut décerner d'office le mandat d'arrêt sans tenir compte de ces quatre critères.

La personne va être écrouée en prison à la suite de la délivrance du mandat d'arrêt qui doit être confirmé dans les cinq jours par la chambre du conseil.

L'inculpé comparaîtra ensuite de mois en mois devant cette chambre, puis tous les deux mois au-delà de la troisième décision de maintien en détention tant qu'il n'est pas mis fin à la détention préventive et que l'instruction n'est pas clôturée. Le mandat d'arrêt doit être signifié dans les 48 heures de la privation de liberté. Le juge d'instruction est tenu d'entendre l'inculpé préalablement à la délivrance d'un mandat d'arrêt. Toutefois, il existe trois exceptions :

- lorsque l'inculpé est fugitif ou latitant (personne qui se cache) ;
- lorsque l'inculpé refuse d'être entendu ;
- en cas de force majeure (état de santé de l'inculpé par exemple).

L'inculpé va recevoir une copie de ce mandat.

Le mandat d'arrêt doit comporter un certain nombre de points comme :

– l'identité complète de l'inculpé ;

– les faits reprochés ;

– l'interrogatoire de l'inculpé réalisé par le juge d'instruction ;

– la justification de la délivrance du mandat d'arrêt, notamment par l'existence d'indices sérieux de culpabilité ou par l'absolue nécessité, en fonction du comportement de l'inculpé par exemple ;

– le lieu de détention ;

– le sceau et signature du juge d'instruction.

Oublier un de ces aspects peut déboucher sur la nullité du mandat d'arrêt et la remise en liberté de l'inculpé.

Si la personne n'est pas écrouée et est à rechercher, l'inculpé est alors dit « fugitif et latitant ». Le mandat d'arrêt a alors les mêmes effets que le mandat d'amener. L'entrée dans son domicile est possible sur la base du mandat d'arrêt, s'il est établi que l'intéressé est présent à son domicile, qu'il n'y autorise pas l'accès et que la pénétration n'a pas lieu entre 21 heures et 5 heures. Le recours à la force peut être nécessaire pour pénétrer dans le domicile dont l'adresse doit figurer sur le mandat d'arrêt.

Il n'existe aucun recours à l'égard du mandat d'arrêt. Il ne peut être fait appel de ce mandat ni de pourvoi en cassation.

Une fois la détention préventive commencée, il n'y a pas de limite de temps pour celle-ci. Seul s'applique le délai raisonnable avant que l'affaire ne passe devant une juridiction de jugement. Ce délai dépend notamment de la complexité de l'affaire, du nombre de parties en cause, des preuves à apporter, des autorités compétentes. À chaque comparution devant la chambre du conseil, l'inculpé pourra demander sa remise en liberté.

C. L'ORDONNANCE DE PRISE DE CORPS

L'ordonnance de prise de corps est une décision prise par la chambre du conseil afin de maintenir ou de placer une personne libre en détention préventive lors du règlement de la procédure s'il existe des charges suffisantes du chef d'un crime. Cette ordonnance est rendue au cas par cas.

Les services de police iront chercher l'individu dans les cas où l'exécution immédiate doit être prescrite afin que la décision ait valeur de titre de détention immédiate. Elle s'exécute comme un mandat d'amener.

À l'issue de cette décision, le dossier est transmis auprès de la chambre des mises en accusation (juridiction d'appel de la chambre du conseil), afin qu'il soit décidé du renvoi aux assises de l'inculpé. La chambre des mises en accusation dispose du pouvoir de maintenir l'ordonnance de prise de corps ou d'estimer de ne pas devoir l'exécuter.

D. L'ORDONNANCE DE CAPTURE

L'ordonnance de capture est une décision décernée par le ministère public compétent. Soit par le tribunal de police, soit par le tribunal correctionnel. Cela concerne les personnes qui n'ont pas payé d'amende ou qui ne se sont pas constituées prisonnières dans les délais prévus pour subir une peine d'emprisonnement principal.

E. L'ARRESTATION IMMÉDIATE

L'arrestation immédiate est une mesure sollicitée par le procureur du Roi lui permettant de demander à l'audience au tribunal d'arrêter une personne lors du prononcé d'une décision condamnant le prévenu/accusé comparaissant libre à une peine supérieure à trois ans, sans sursis.

Cela dans le but que la personne soit directement incarcérée. Cette arrestation immédiate doit être justifiée par la crainte que la personne ne tente de se soustraire à l'exécution de sa peine.

Cette mesure peut également être sollicitée si le prévenu/accusé ne comparaît pas à l'audience et qu'il est statué par défaut. Pour des infractions terroristes ou des délits à caractère sexuel, le seuil de la peine pour une telle mesure est ramené à un an ou plus.

Ces mandats et ordonnances s'exécutent par les forces de l'ordre entre 5 heures et 21 heures dans le domicile de la personne visée. Ils ne pourront entrer que dans le domicile de la personne à arrêter et exclusivement pour rechercher celle-ci si la personne refuse d'obéir et se réfugie dans son domicile. Si la personne à arrêter se réfugie chez un tiers dans un lieu qui n'est pas son domicile, les services de police ne pourront entrer que s'il y a consentement formel de ce tiers ou avec un mandat de perquisition ou si l'adresse de ce tiers est mentionnée sur le mandat ou l'ordonnance de capture.

F. LE MANDAT D'ARRÊT EUROPÉEN

Le mandat d'arrêt européen est selon la décision-cadre 2002/584/JAI du Conseil du 13 juin 2002 et la loi du 19 décembre 2003 « une décision judiciaire émise par l'autorité judiciaire compétente d'un État membre de l'Union européenne en vue de l'arrestation et de la remise par l'autorité compétente d'un autre État membre d'une personne recherchée pour l'exercice de poursuites pénales ou pour l'exécution d'une peine ou d'une mesure de sûreté privative de liberté». Il est applicable :

- Pour des faits qui seraient punis d'une peine privative de liberté ou d'une mesure de sûreté privative de liberté supérieure ou égale à un an ou ;
- Lorsqu'une condamnation à une peine est intervenue ou qu'une mesure de sûreté a été infligée pour autant qu'elles soient d'une durée d'au moins quatre mois.

Lorsque la personne est arrêtée, elle doit être mise au courant du contenu du mandat. Si elle consent à sa remise au pays ayant décerné le mandat d'arrêt européen, la décision définitive sur l'exécution du mandat doit être prise dans les dix jours suivant ledit consentement. Si la personne recherchée ne consent pas à sa remise, la décision définitive sur l'exécution du mandat doit être prise dans un délai de soixante jours à compter de l'arrestation de ladite personne.

Celle-ci, en attendant, peut être maintenue en détention ou être remise en liberté provisoire à tout moment, conformément au droit interne de l'État membre d'exécution.

Concernant les mesures de sûreté privative de liberté, celles-ci peuvent être une détention à domicile par exemple ou un internement pour une personne malade.

G. CAS PARTICULIER DU MANDAT DE PERQUISITION

Le mandat de perquisition est un mandat permettant à tout officier de police judiciaire ou procureur du Roi de pénétrer dans un lieu privé (domicile) entre 5 heures et 21 heures afin de rechercher des preuves d'une infraction. Ce mandat est délivré par un juge d'instruction. Pour rappel, il existe toutefois des exceptions pour lesquelles les services de police peuvent entrer dans un domicile entre 21 heures et 5 heures.

Un mandat de perquisition peut se voir délivrer en dehors d'une privation de liberté et n'est pas un mandat permettant d'arrêter une personne.

En Belgique, il existe deux types de privation de liberté : la privation de liberté administrative et la privation de liberté judiciaire.

IV. La privation de liberté administrative

Ce chapitre concerne :
– les concepts de la privation de liberté administrative,
– les mesures réglementées par la loi sur la fonction de police,
– les délais de privation de liberté administrative,
– la définition d'un officier de police administrative,
– les droits des personnes arrêtées,
– le registre d'écrou,
– le cas du contrôle d'identité.

A. Cas et concepts

La privation de liberté administrative dépend, comme son nom l'indique, d'autorités administratives identifiées ci-après. Les services de police sont compétents pour ce type d'arrestation et peuvent le faire dans certains cas :

- s'il y a obstacle à l'accomplissement des missions de la police en vue d'assurer la liberté de la circulation (exemple : une personne qui refuse d'obtempérer aux injonctions d'un policier sur la voie publique et causant des troubles sur la circulation automobile) ;
- en cas de perturbation de la tranquillité publique (exemple : une personne qui se met à crier et à sonner aux portes à 2 heures du matin à plusieurs immeubles et à plusieurs reprises) ;
- s'il y a existence de motifs raisonnables de croire qu'une personne se prépare à commettre une infraction qui met gravement en danger la tranquillité ou la sécurité publiques (exemple : une personne est désignée par son entourage

comme voulant aller jeter des pavés d'un pont sur une autoroute) ;

- lorsqu'une personne met gravement en danger la tranquillité ou la sécurité publique (exemple : une personne qui est effectivement en train de jeter des pavés d'un pont sur une autoroute).

Par ces motifs, les autorités de police administrative veillent à maintenir l'ordre public, la tranquillité publique, la salubrité publique et la sécurité publique.

Ces quatre concepts sont :

- **l'ordre public**, qui se définit sur base des trois autres concepts que sont la tranquillité, la salubrité et la sécurité ;
- **la tranquillité publique** qui passe par l'absence de désordre, de troubles dans les lieux publics comme un square, un parc, ou les lieux accessibles au public comme un cinéma, un magasin ;
- **la sécurité publique** qui se définit par l'absence de situation pouvant causer des dommages aux personnes et aux biens, comme des accidents ;
- **la salubrité publique** qui concerne la protection des personnes envers les maladies ou risques de maladie par le maintien et la protection de l'environnement, passant notamment par l'hygiène.

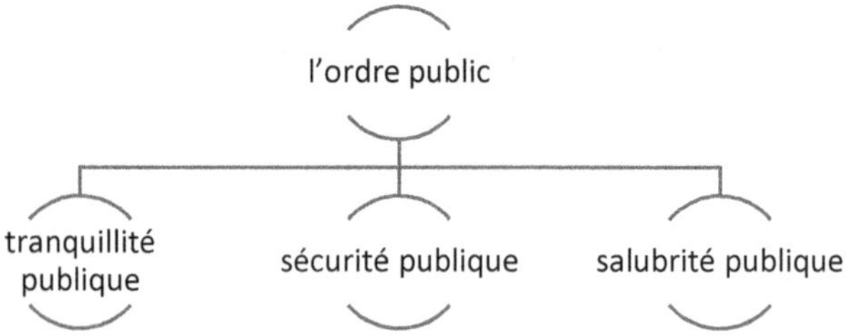

Concrètement, le fait de ne pas respecter l'un de ces points peut amener un individu à être privé de sa liberté par les forces de l'ordre soit d'initiative parce qu'ils sont déjà sur place, soit sur base d'un appel.

B. Mesures réglementées par la loi sur la fonction de police

Les services de police vont procéder à plusieurs mesures réglementées par la loi sur la fonction de police (LFP) du 5 août 1992. Il s'agit d'un texte légal qui régit toute intervention de police sur le royaume. Dans les grandes lignes, cette loi balise les fouilles des personnes, des véhicules, le recours à la force, les arrestations, ainsi que la privation de liberté administrative. Les articles de cette loi sur les manières de procéder, que ce soit pour une fouille ou un contrôle de personne par exemple, valent tant pour une arrestation administrative que pour une judiciaire. Cette loi mentionne notamment ce qui est expliqué ci-dessous :

1. L'usage des menottes

L'usage des menottes (article 37bis de la loi sur la fonction de police dite LFP) est effectué dans les cas suivants :

- En cas de recours à la force : dans l'exercice de ses missions de police administrative ou judiciaire, tout membre du cadre opérationnel peut, en tenant compte des risques que cela comporte, recourir à la force pour poursuivre un objectif légitime qui ne peut être atteint autrement.
  Tout recours à la force doit être raisonnable et proportionné à l'objectif poursuivi.
  Tout usage de la force est précédé d'un avertissement, à moins que cela ne rende cet usage inopérant (article 37 LFP).
- Lors du transfèrement, de l'extraction et de la surveillance de détenus.
- Lors de la surveillance d'une personne arrêtée administrativement ou judiciairement si l'usage est nécessaire en raison des circonstances, notamment, par :

- le comportement de l'intéressé lors de sa privation de liberté ou au cours de celle-ci ;
- le comportement de l'intéressé lors de privations de liberté antérieures ;
- la nature de l'infraction commise ;
- la nature du trouble occasionné à l'ordre public ;
- la résistance ou la violence manifestée lors de sa privation de liberté ;
- le danger d'évasion ;
- le danger que l'intéressé représente pour lui-même, pour le membre du cadre opérationnel ou pour les tiers ;
- le risque de voir l'intéressé tenter de détruire des preuves ou d'occasionner des dommages.

Exceptionnellement, il se peut que la mise des menottes ne se fasse pas sur certaines personnes, par exemple une personne âgée ou ayant le bras cassé. Il s'agit surtout d'une mesure de sécurité pour les services de police, pour les personnes arrêtées et pour des tiers se trouvant aux alentours.

2. La fouille de sécurité

Lors d'une privation de liberté, les services de police vont ensuite procéder à une **fouille dite de sécurité** (article 28 LFP). Le but de cette fouille est de s'assurer qu'une personne ne porte pas une arme ou un objet dangereux pour l'ordre public.

Les fonctionnaires de police peuvent procéder à une fouille de sécurité dans les cas suivants :

- lorsque, en fonction du comportement de cette personne, d'indices matériels ou des circonstances, le fonctionnaire de police a des motifs raisonnables de croire que la personne faisant l'objet d'un contrôle d'identité dans le cas et les conditions prévus à l'article 34 (cas du contrôle d'identité), porte une arme ou un objet dangereux pour l'ordre public ;

- lorsqu'une personne fait l'objet d'une arrestation administrative ou d'une privation de liberté judiciaire ;
- lorsque des personnes participent à des rassemblements publics qui présentent une menace réelle pour l'ordre public ;
- lorsque des personnes accèdent à des lieux où l'ordre public est menacé.

La fouille de sécurité s'effectue par la palpation du corps et des vêtements de la personne fouillée ainsi que par le contrôle de ses bagages. Elle ne peut durer plus longtemps que le temps nécessaire à cette fin et la personne ne peut être retenue pendant plus d'une heure à cet effet.

Dans les cas visés aux troisième et quatrième points repris ci-dessus, la fouille est exécutée sur ordre et sous la responsabilité d'un officier de police administrative. Elle est effectuée par un fonctionnaire de police du même sexe que la personne fouillée. Les fouilles exécutées dans ces deux points sont réalisées dans un contexte dit « programmé », comme un match de football par exemple.

L'événement étant connu à l'avance, au niveau de l'organisation des services de police, il sera donc prévu que des fonctionnaires de police des deux sexes soient de service pour l'événement. Pour les premier et deuxième points, si aucun fonctionnaire de police de même sexe que la personne fouillée n'est présent, cela n'est pas obligatoire. On se retrouve hors du cas d'un événement planifié. Un homme pourra donc procéder à une fouille de sécurité sur une femme et inversement si aucun agent du même sexe n'est présent. Une fouille de sécurité ne peut aller jusqu'au déshabillage complet et concerne également les sacs et bagages de la personne.

Il est à noter que pour les sacs et bagages, on ne tient pas compte du sexe de la personne intervenant amenée à fouiller ces objets. Tout comme pour effectuer la fouille d'un véhicule.

La fouille effectuée, la personne sera transférée à bord du véhicule de service des intervenants. En fonction de son état physique, qu'elle soit blessée par exemple ou trop imbibée par l'alcool, elle sera transférée en direction de l'hôpital ou directement en cellule.

Si le transfert se fait dans un premier temps vers l'hôpital, la personne sera vue par un médecin. Si elle doit prendre des médicaments, il faudra le signaler au médecin, car aucun policier n'est autorisé à donner une quelconque médication. Après le passage à l'hôpital, la personne arrêtée sera ensuite transférée en cellule. Le passage auprès du médecin va donner une indication quant au fait de savoir si médicalement parlant elle est apte à être placée en cellule. Il arrive que des personnes arrêtées restent à l'hôpital si leur état le nécessite. Si c'est le cas, il se peut que la privation de liberté s'arrête, en accord avec l'officier de police administrative.

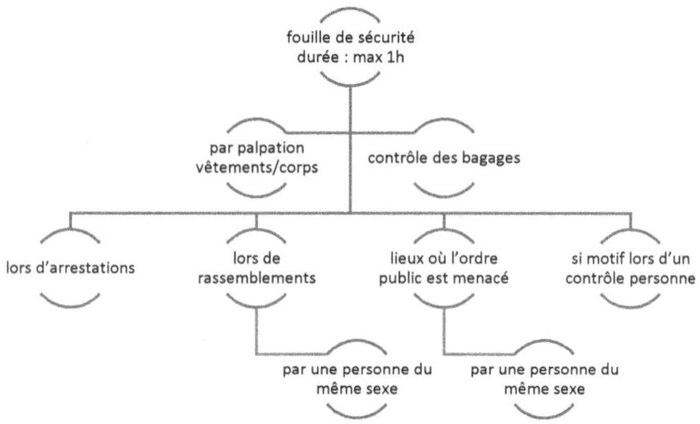

3. La fouille avant mise en cellule

Devant la porte des cellules, une nouvelle fouille aura lieu. Il s'agit de **la fouille avant mise en cellule**. Les fonctionnaires de police peuvent fouiller à corps les personnes avant leur mise en cellule. Cette fouille a pour but de s'assurer que la personne n'est pas en possession d'objets ou de substances dangereux pour elle-même ou pour autrui ou encore de nature à favoriser une évasion. Elle ne peut durer plus longtemps que le temps nécessaire à cette fin. Elle est exécutée par un fonctionnaire de police ou par une autre personne du même sexe que la personne fouillée, conformément aux instructions et sous la responsabilité, suivant les cas, d'un officier de police administrative (si on se trouve dans le cadre d'une arrestation administrative) ou judiciaire (si on se trouve dans le cadre d'une arrestation judiciaire).

Cette fouille peut aller jusqu'au déshabillage complet. Elle concerne également les bagages. Il est à noter que si aucun fonctionnaire de police du même sexe que la personne arrêtée n'est présent, il est possible de requérir une autre personne qui n'est pas de la police pour effectuer cette fouille. Les prescrits légaux imposent que ce soit une personne de même sexe, peu importe dès lors sa profession pour l'effectuer. Des objets et des vêtements seront retirés et mis de côtés jusqu'à la relaxe, notamment les bijoux, les lunettes, le soutien-gorge pour les femmes, les cordons de pull à capuche... Ceci est dû au fait que des personnes ont déjà attenté à leurs jours avec ce type d'effets en cellule.

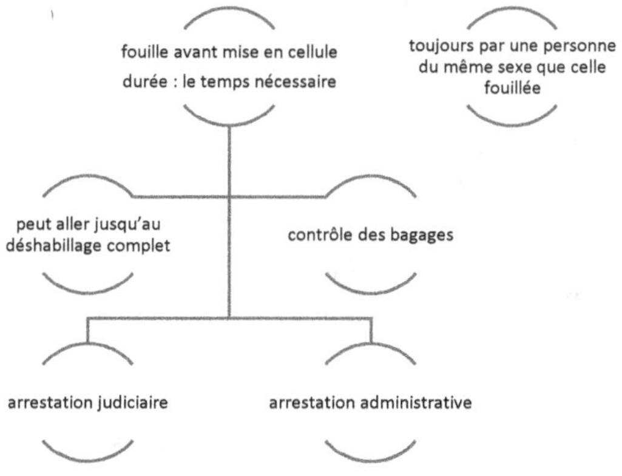

C. Délais de la privation de liberté administrative

La durée de la privation de liberté administrative dépend de l'état de la personne et de l'infraction. En effet, une privation de liberté administrative pour une ivresse publique court de minimum 2 heures à un maximum de 12 heures. Le but étant que la personne ressorte sobre.

Dans les autres cas, elle ne peut durer plus longtemps que le temps requis par les circonstances avec de toute façon un maximum de 12 heures. Le délai court à partir de la privation effective de liberté. Mais il y a des exceptions au délai maximum des 12 heures. Elles sont reprises ci-dessous :

- Pour le non-respect des règles relatives à l'accès au territoire, cette privation de liberté peut aller jusqu'à 24 heures. Cela concerne les personnes en séjour illégal sur le territoire de la Belgique. La loi sur les étrangers du 15 décembre 1980 régit l'accès au territoire, le séjour, l'établissement et l'éloignement des étrangers.
- Concernant les personnes arrêtées sous l'influence de stupéfiants ou de substances assimilées, ce délai ne peut dépasser 6 heures.
- La divagation des malades mentaux (voir le chapitre VI concernant le cas particulier des malades mentaux).
- Lorsqu'il y a concours entre une arrestation administrative et judiciaire, la privation de liberté ne peut courir au-delà de 48 heures et les deux délais de privation ne s'additionnent pas.
- En cas de troubles à l'ordre public, ce délai de privation s'arrête lorsque le trouble a cessé suite à cette privation de liberté, avec un maximum de 12 heures

Dans le cadre de l'avant-dernier point, une personne peut être arrêtée de manière judiciaire et administrative. Toutefois, il est à noter que la fin d'une arrestation judiciaire n'annule pas nécessairement une arrestation administrative en cours et inversement. Par exemple, une personne peut encore rester en cellule si celle-ci est en séjour illégal sur notre territoire (arrestation administrative) et qu'une décision de l'Office des étrangers est en attente dans ce cadre, alors qu'il a été mis fin à la privation de liberté judiciaire ordonnée à la suite d'un fait commis par cette même personne, comme par exemple un fait coup et blessure pour lequel elle a été arrêtée en tant que suspect.

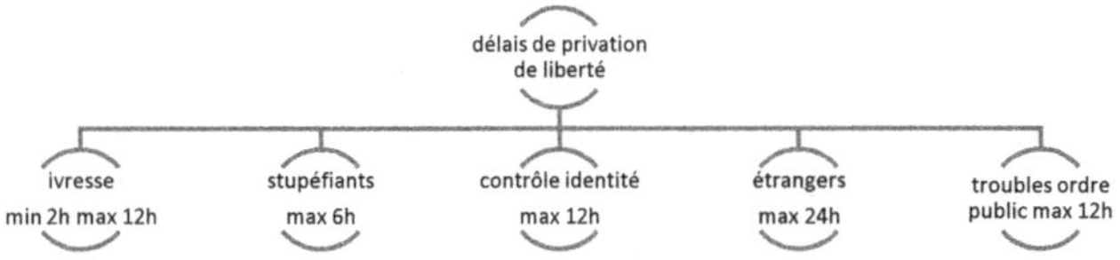

D. Officier de police administrative et droits des personnes arrêtées administrativement

La privation de liberté administrative se fait sous la responsabilité d'un **officier de police administrative**. Celui-ci revêt le grade de commissaire, mais il peut aussi s'agir du gouverneur de province, des commissaires d'arrondissement, des bourgmestres, mais également d'inspecteurs principaux sous certaines conditions, dont celle d'avoir suivi une formation, un inspecteur principal étant à la base exclusivement officier de police judiciaire. Après chaque arrestation administrative, l'officier de police administrative est prévenu de celle-ci par les agents qui interviennent sur le terrain, de vive voix s'il est présent dans les locaux ou par téléphone, à n'importe quelle heure du jour et de la nuit. En fonction de ce qui lui est relaté par les intervenants, celui-ci confirme ou non l'arrestation.

Toute personne arrêtée administrativement a **des droits** qui sont les suivants :

- droit au respect ;
- droit de recevoir un repas aux heures habituelles, une quantité suffisante d'eau et d'utiliser des sanitaires adéquats ;
- droit à une assistance médicale et droit subsidiaire à un examen médical par un médecin du choix de la personne arrêtée : il est à noter que les frais liés à cet examen sont à sa charge ;
- droit de prévenir une personne de son choix hors le cas pouvant nuire à l'enquête.

La personne arrêtée est informée de la privation de liberté, des motifs de celle-ci, de la durée maximale de l'arrestation, de la procédure matérielle de la mise en cellule, de la possibilité de recourir à des mesures de contrainte. Ses droits lui sont notifiés oralement ou par écrit et dans la langue de la personne à partir du moment où cette privation de liberté est confirmée par l'officier de police administrative.

Il est également à noter qu'il est inutile de la part de la personne arrêtée de demander la présence d'un avocat, la présence de celui-ci n'étant pas prévue dans le cadre d'une arrestation administrative, au contraire d'une arrestation judiciaire.

E. Le registre d'écrou / des privations de liberté et l'audition

Lors de la sortie de cellule, il est demandé à la personne qui a été privée de sa liberté de signer **le registre d'écrou (ou des privations de liberté)**.

Concernant le registre d'écrou, il s'agit d'un document pouvant mentionner :

- l'identité de la personne arrêtée ;
- la date et l'heure de privation de liberté ;
- le lieu de l'arrestation ;
- le(s) motif(s) de l'arrestation ;
- les noms des policiers qui sont intervenus ;
- l'avis à l'officier de police administrative / judiciaire et sa décision ;
- la date et l'heure d'avis au magistrat et sa décision en cas d'arrestation judiciaire ;
- les droits des personnes arrêtées ;
- les heures des fouilles et de la mise en cellule ;
- les heures des prises ou de refus de repas ;
- les incidents qui auraient pu avoir lieu pendant la privation de liberté ;

- l'heure de relaxe ;
- l'inventaire des objets qui ont été retirés lors de la mise en cellule ;
- si une personne de confiance a été prévenue (parent, ami) ;
- les soins médicaux ;
- les heures de contrôle et de surveillance ;
- les heures et lieux de transfert.

Ce registre vaut autant pour une privation de liberté administrative que pour une judiciaire et doit être rempli dans tous les cas, par les intervenants. Toutefois, aucun texte légal ne régit les registres d'écrou et ce qui doit absolument s'y trouver. Ce document doit exister, mais rien n'est prescrit pour le contenu. Il est d'usage que ce registre soit finalement le plus complet possible.

F. Cas du contrôle d'identité

Toute personne privée de sa liberté fera l'objet d'un contrôle de son identité par les services de police et d'une vérification dans la banque de données générales policière pour voir si la personne n'est pas déjà connue des services de police pour d'autres infractions ou pour les mêmes faits, et pour déterminer si une mesure active la concernant y est mentionnée (par exemple, la personne est signalée dans le cadre d'un dossier et elle doit être entendue dans ce cadre-là).

Ce contrôle d'identité se retrouve sous l'article 34 de la loi sur la fonction de police qui prévoit ce qui est repris aux points ci-dessous.

- Les fonctionnaires de police contrôlent l'identité de toute personne qui est privée de sa liberté ou qui a commis un fait passible d'une sanction administrative ou pénale.

- Ils peuvent contrôler l'identité de toute personne s'ils ont des motifs raisonnables de croire, en fonction de son comportement, d'indices matériels ou de circonstances de temps et de lieu, qu'elle est recherchée, qu'elle a tenté de commettre une infraction ou se prépare à la commettre, qu'elle pourrait troubler l'ordre public ou qu'elle l'a troublé.

- Conformément aux instructions et sous la responsabilité d'un officier de police administrative, tout fonctionnaire de police peut également contrôler l'identité de toute personne qui souhaite pénétrer en un lieu faisant l'objet d'une menace au sens de l'article 28 (fouilles), § 1er, 3° et 4°.
- Dans les limites de leurs compétences, les autorités de police administrative peuvent, afin de maintenir la sécurité publique ou d'assurer le respect des dispositions légales relatives à l'accès au territoire, au séjour, à l'établissement et à l'éloignement des étrangers, prescrire des contrôles d'identité à effectuer par les services de police dans des circonstances qu'elles déterminent.
- Les pièces d'identité qui sont remises au fonctionnaire de police ne peuvent être retenues que pendant le temps nécessaire à la vérification de l'identité et doivent ensuite être immédiatement remises à l'intéressé.
- Si la personne visée aux paragraphes précédents refuse ou est dans l'impossibilité de faire la preuve de son identité, de même que si son identité est douteuse, elle peut être retenue pendant le temps nécessaire à la vérification de son identité. La possibilité de prouver son identité de quelque manière que ce soit, doit lui être donnée.

En aucun cas, l'intéressé ne peut être retenu plus de 12 heures à cet effet (délai porté à 24 heures pour les personnes étrangères en séjour illégal). Si la privation de liberté est effectuée en vue de la vérification de l'identité, le fonctionnaire de police qui procède à cette opération en fait mention dans le registre des privations de liberté.

V. La privation de liberté judiciaire

Ce chapitre concerne :
– les principes d'une privation de liberté judiciaire,
– la privation de liberté judiciaire en pratique,
– le délai d'une privation de liberté judiciaire,
– la fouille judiciaire,
– la saisie,
– le triptyque judiciaire,
– l'audition,
– les droits Salduz.

A. Principes

Ce qui distingue la privation de liberté administrative de la privation de liberté judiciaire, c'est la nature des objectifs poursuivis. La mission de police judiciaire a pour objectif, dans le cadre de la privation de liberté de :

- rechercher et rassembler les preuves d'infractions reprises dans le Code pénal ;
- arrêter les auteurs de crimes, délits punissables d'une peine d'emprisonnement ;
- mettre à disposition les auteurs à la disposition de l'autorité compétente (cours, tribunaux) ;
- arrêter les personnes signalées comme étant à rechercher.

Cette privation peut courir jusqu'à **48 heures** et se fait sous la responsabilité **d'un officier de police judiciaire**. Celui-ci peut être inspecteur de police, inspecteur principal de police, commissaire de police ou magistrat du parquet. Ce statut est nécessaire pour l'accomplissement de certains actes comme la fouille judiciaire qui s'effectue toujours sous la responsabilité d'un officier de police judiciaire.

Cette qualité est également nécessaire lorsqu'il s'agit, par exemple, d'effectuer des perquisitions ou une arrestation en flagrant délit, de pénétrer dans des lieux où des stupéfiants et/ou des armes sont trouvés, de procéder à un prélèvement ADN. Pour rappel, la majorité de ses prérogatives se retrouvent dans le Code d'instruction criminelle.

B. EN PRATIQUE

Concernant la manière d'intervenir des forces de l'ordre, les règles en matière d'arrestation administrative restent d'application. Toutefois, quelques différences notables sont présentes, notamment **la fouille judiciaire** qui n'existe pas pour la privation de liberté administrative (les fouilles de sécurité et d'avant mise en cellule sont, elles, toujours d'application en privation de liberté judiciaire).

L'article 28 de la LFP prévoit que :

- dans l'exercice de leurs missions judiciaires, les fonctionnaires de police peuvent procéder à la fouille judiciaire des personnes qui font l'objet d'une privation de liberté judiciaire ainsi que des personnes à l'égard desquelles il existe des indices qu'elles détiennent sur elles des pièces à conviction ou des éléments de preuve d'un crime ou d'un délit ;
- la fouille judiciaire ne peut durer plus longtemps que le temps nécessaire à cette fin et la personne ne peut être retenue plus de six heures à cet effet ;
- la fouille judiciaire est exécutée conformément aux instructions et sous la responsabilité d'un officier de police judiciaire.

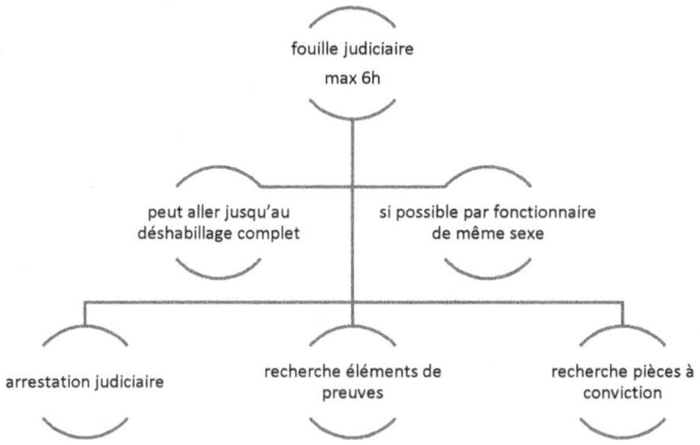

Cette fouille peut aller jusqu'au déshabillage complet et peut aller jusqu'à demander d'effectuer des flexions de jambes à la personne arrêtée, notamment s'il existe des indices de croire qu'elle aurait pu cacher des stupéfiants dans son corps par exemple. Cette fouille sera effectuée si possible par un fonctionnaire de police de même sexe que la personne fouillée.

Toutes les fouilles auxquelles les personnes seront soumises, que ce soit en privation de liberté judiciaire ou administrative, se feront toujours, et ce, dans la mesure du possible, à l'abri des regards indiscrets et ne peuvent aller jusqu'à **l'exploration corporelle** par les intervenants. Seul un médecin peut effectuer une exploration corporelle (examen de type gynécologique).

Une privation de liberté judiciaire se fait donc sous la responsabilité d'un officier de police judiciaire.

Cet officier va confirmer ou infirmer l'arrestation effectuée à la suite d'une infraction commise reprise dans le Code pénal ou dans certaines lois comme celles sur les stupéfiants ou les armes. (Pour rappel, la privation de liberté administrative est sans liens avec le Code pénal.)

Une fois l'arrestation confirmée par l'officier de police judiciaire, un avis au magistrat – donc au parquet – va être réalisé par les intervenants ou par l'officier lui-même afin de lui relater l'intervention ainsi que les faits dont la personne arrêtée est suspectée.

Cet avis s'effectue par téléphone à n'importe quelle heure du jour ou de la nuit. Parfois, le magistrat peut également se trouver sur le terrain. L'avis se fait alors de vive voix. Le magistrat, en fonction des premiers éléments recueillis, va confirmer ou infirmer la privation de liberté et demander une série de devoirs à effectuer dans le délai des 48 heures imparti. Ce délai court à partir de la privation effective de liberté par les services de police, ou, à partir de l'appel aux services de police par un quidam qui vient d'intercepter une personne qui vient de commettre une infraction en flagrant délit.

Les différents devoirs que peut demander un magistrat durant une privation de liberté judiciaire sont de type audition, perquisition, enquête de voisinage, descente d'un médecin légiste, tout acte d'audition de témoin, de visionnage des caméras de vidéosurveillance, et, surtout demande de l'audition de la personne arrêtée.

C. La saisie

Dans le cadre d'une privation de liberté, mais également en dehors de celle-ci, les services de police pourront également procéder à la **saisie** d'objets. Ces saisies ont pour but la manifestation de la vérité. Cela peut passer par la saisie de vêtements dans le cadre d'un meurtre, à du matériel informatique dans le cadre d'affaires de pédophilie, de stupéfiants... Le ou les objets sont mis à disposition de la justice comme preuves. Les objets pouvant donner lieu à saisie sont ceux :

- utilisés pour commettre l'infraction (un couteau qui a servi à donner des coups) ;
- qui sont le produit de l'infraction (de la fausse monnaie par exemple) ;
- qui engendrent un/des avantage(s) patrimonial(aux) issu(s) de l'infraction (par exemple de l'argent issu du travail frauduleux) ;
- tout objet dont la saisie est nécessaire à la manifestation de la vérité.

Il s'agit d'une mesure conservatoire prise au moment de l'instruction ou de l'information. En effet, une saisie peut être levée, ce qui entraîne la restitution des effets. Seul un magistrat peut ordonner une levée de saisie. Mais une personne ayant eu un bien saisi peut également solliciter la restitution de celui-ci.

Lors de son audition, il pourra être demandé à la personne dont un ou plusieurs objets ont été saisis si cette dernière fait « abandon volontaire » de ce ou ces objets. Si la personne entendue répond par l'affirmative, cela signifie qu'elle abandonne la propriété de cet objet et ne pourra plus le récupérer. Si elle refuse, elle devra attendre une décision de justice pour le récupérer.

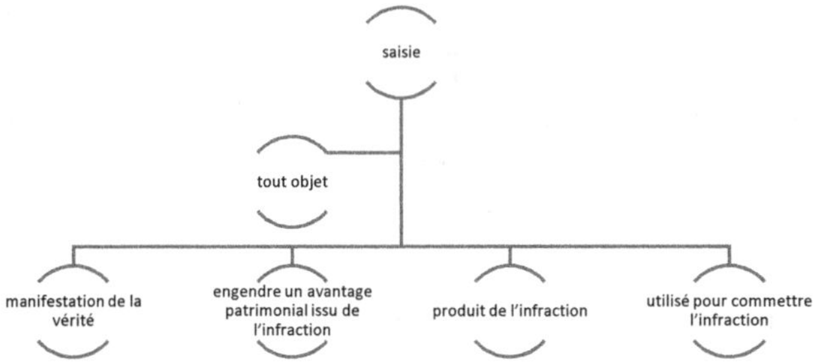

D. LE TRIPTYQUE JUDICIAIRE

Dans le cadre d'une arrestation judiciaire, il sera également demandé si la personne arrêtée accepte de se soumettre au triptyque judiciaire. Il s'agit de prendre les empreintes digitales et palmaires, de prendre des photos et de rédiger une notice individuelle reprenant les caractéristiques physiques de la personne à destination des services de police et de l'Office des étrangers pour les personnes en séjour illégal sur le territoire.

Le triptyque judiciaire ne se fait que pour les personnes âgées de plus de 14 ans qui sont soit :

- arrêtées judiciairement ;

- mises à disposition de l'Office des étrangers ;
- sont à écrouer dans un établissement pénitentiaire à la suite d'une ordonnance ou d'une décision judiciaire.

E. L'audition dans le cadre d'une privation de liberté judiciaire et les droits Salduz

Cette audition ne peut se faire n'importe comment. Il existe des prescrits légaux en la matière. Il s'agit de la loi Salduz (loi du 13/08/2011) modifiée par la loi du 21 décembre 2016 (vient affiner la première loi notamment en ce qui concerne l'assistance des mineurs). Cette loi mentionne les droits de toute personne arrêtée dans le cadre d'une privation de liberté judiciaire et plus précisément lors de l'audition à la suite de l'arrestation judiciaire. Ces droits sont notifiés avant tout début d'audition et n'existent pas pour la privation de liberté administrative qui a sa propre déclaration des droits comme énoncé plus haut.

Ces **droits Salduz** sont les suivants :

1. Droit à une concertation confidentielle avec un avocat et à une assistance pendant l'audition

La personne arrêtée peut contacter un avocat de son choix. Si elle n'a pas d'avocat ou si celui-ci est empêché, elle peut demander que l'on contacte un avocat de la permanence. Si elle remplit certaines conditions légales, cette assistance juridique est totalement ou partiellement gratuite. La personne arrêtée peut demander le formulaire reprenant ces conditions (cela sera fait en pratique par l'avocat). Le service de police se chargera de contacter l'avocat demandé ou, à défaut, la permanence (service permettant de contacter un avocat, accessible 24 heures sur 24).

Concernant la concertation confidentielle préalable, la personne arrêtée a droit, avant la première audition qui suit et dans les 2 heures suivant le contact avec l'avocat ou la permanence, à une concertation confidentielle avec son avocat pendant 30 minutes, exceptionnellement prolongeable sur décision des personnes qui vont l'interroger. Cette concertation peut se faire par téléphone.

Si la concertation planifiée avec l'avocat n'a pas eu lieu dans les deux heures, une concertation confidentielle par téléphone a néanmoins encore lieu avec la permanence. À l'issue de cette première concertation confidentielle, la personne majeure entendue peut renoncer à l'assistance physique de son avocat pendant l'audition. Si l'avocat arrive pendant l'audition, il peut assister à la suite de son déroulement.

L'avocat veille alors :

- au respect du droit au silence et du droit de ne pas s'accuser soi-même ;
- à la manière dont la personne arrêtée est traitée pendant l'audition ou à l'absence de contraintes ou de pressions illicites exercées à son égard ;
- à la notification des droits et à la régularité de l'audition.

Avec la loi Salduz modifiée en décembre 2016, l'avocat bénéficie d'un rôle plus large. Toutefois, les limites sont :

- ne pas s'opposer à une question ;
- ne pas répondre à la place de son client.

De manière générale, l'intervention de l'avocat durant l'audition ne peut empêcher le déroulement de celle-ci. À défaut, le fonctionnaire de police procédant à l'audition pourra l'interrompre après avoir tenté de rappeler à l'ordre l'avocat.

Si l'avocat a des remarques à ce sujet, il peut les faire mentionner immédiatement dans le procès-verbal. L'avocat peut demander qu'il soit procédé à tel acte d'information ou à telle audition (par exemple : entendre un témoin, effectuer une enquête de voisinage). Il peut demander des clarifications sur des questions qui sont posées. Il peut formuler des observations sur l'enquête et sur l'audition. Il ne lui est toutefois pas permis de répondre à la place de la personne arrêtée ou d'entraver le déroulement de l'audition. La personne arrêtée ou son avocat a le droit d'interrompre une seule fois l'audition pour une concertation confidentielle supplémentaire. De même, si de nouveaux faits apparaissent pendant l'audition, la personne arrêtée peut mener une concertation confidentielle supplémentaire avec son avocat. Ces concertations ne peuvent excéder 15 minutes.

La personne arrêtée n'est toutefois pas obligée de demander une concertation ou l'assistance d'un avocat. Elle peut y renoncer de manière volontaire et réfléchie si elle est majeure, après avoir signé et daté un document à cet effet. Si possible, l'audition peut être *audiofilmée*.

En cas de circonstances exceptionnelles et de motifs impérieux, le procureur du Roi ou le juge d'instruction peut décider de ne pas accorder le droit à la concertation confidentielle préalable ou à l'assistance d'un avocat pendant l'audition. Il doit motiver cette décision.

EN RÉSUMÉ :

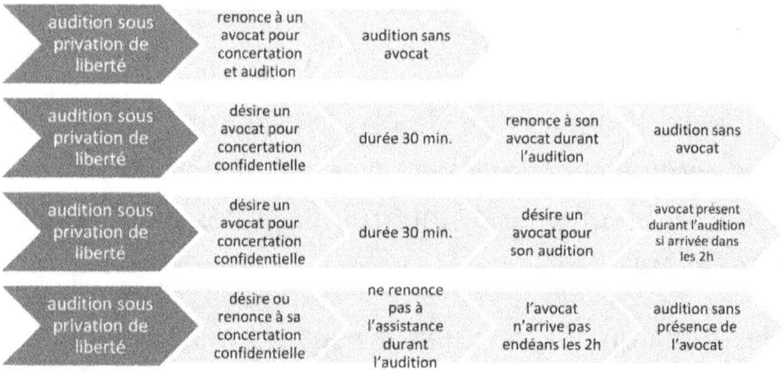

2. Notification succincte des faits

La personne arrêtée a le droit d'être informée succinctement des faits à propos desquels elle sera entendue.

3. Droit au silence

La personne arrêtée n'est jamais obligée de s'accuser elle-même. Après avoir donné son identité, elle peut choisir de faire une déclaration, de répondre aux questions posées ou de se taire.

4. Droit d'informer quelqu'un de son arrestation

La personne arrêtée a le droit de faire prévenir un tiers de son arrestation. Le procureur du Roi ou le juge d'instruction peut, en raison de motifs impérieux, reporter ce moment pendant la durée nécessaire pour préserver les intérêts de l'enquête.

5. Aide médicale

Si nécessaire, la personne arrêtée a droit à une aide médicale gratuite. Elle peut également demander qu'un médecin de son choix l'examine. Cet examen s'effectue alors à ses propres frais.

6. Autres droits pendant l'audition

L'audition en tant que telle commence par un certain nombre de communications. Outre la répétition de la notification succincte des faits et du droit au silence, la personne arrêtée est informée que :

- elle peut demander que toutes les questions posées et toutes les réponses données soient notées dans les termes utilisés ;
- elle peut demander qu'il soit procédé à tel acte d'information ou à telle audition ;
- ses déclarations pourront être utilisées comme preuve en justice ;
- lors d'un interrogatoire, elle peut faire usage de documents en sa possession sans que l'audition puisse être reportée à cet effet : pendant ou après l'audition, elle peut exiger que ces documents soient joints au procès-verbal de l'audition ou déposés au greffe.

7. Enregistrement *audiofilmé* de l'audition

Si possible, l'audition peut être *audiofilmée* afin d'en contrôler le déroulement. La personne qui procède à l'audition, le procureur du Roi ou le juge d'instruction peuvent décider de procéder à cet enregistrement.

8. À la fin de l'audition

À la fin de l'audition, le texte de l'audition est remis pour lecture à la personne arrêtée. Elle peut également demander qu'il lui en soit donné lecture. Il lui sera demandé si elle souhaite apporter des corrections ou des précisions à ses déclarations.

9. Aide d'un interprète

Si la personne arrêtée ne comprend pas ou ne parle pas la langue ou si elle souffre de troubles de l'audition ou de la parole, et si son avocat ne comprend pas ou ne parle pas sa langue, la personne arrêtée a droit à un interprète assermenté pendant la concertation confidentielle préalable avec son avocat. Cette assistance est gratuite. Si elle souhaite s'exprimer dans une autre langue que celle de la procédure, il sera fait appel à un interprète assermenté pour l'assister pendant l'audition. Cette assistance est gratuite. La personne arrêtée peut également être invitée à noter elle-même ses déclarations dans sa propre langue.

Après l'audition et l'exécution des devoirs demandés par le magistrat, un nouveau compte rendu lui sera fait par le personnel policier. En fonction des éléments recueillis, le magistrat confirmera ou non la privation de liberté judiciaire dans les 48 heures et un juge d'instruction sera éventuellement désigné. Si la privation de liberté n'est pas confirmée, la personne est simplement remise en liberté.

S'il est saisi, le juge d'instruction se prononce alors quant à la suite de la privation de liberté et sur la délivrance d'un mandat d'arrêt. Le juge d'instruction est d'abord obligé d'entendre la personne privée de sa liberté à ce sujet. Pendant cet interrogatoire, la personne arrêtée a également droit à l'assistance de son avocat. Le juge d'instruction doit entendre ses observations, ou celles de son avocat, concernant la possibilité qu'un mandat d'arrêt soit décerné. La personne arrêtée ne peut renoncer à ce droit que si elle est majeure. L'interrogatoire auprès du juge d'instruction est en fait une seconde audition réalisée par ses soins, après celle réalisée par les services de police.

Si le juge d'instruction délivre un mandat d'arrêt, la personne arrêtée a les droits repris ci-dessous :

- Elle peut communiquer librement avec son avocat.
- Dans les 5 jours suivant la délivrance du mandat d'arrêt, elle doit comparaître devant la chambre du conseil où elle pourra contester l'arrestation et la détention préventive.
- À moins qu'elle n'ait reçu une traduction orale du mandat d'arrêt, elle peut demander la traduction des passages pertinents du mandat d'arrêt si elle ne comprend pas la langue de la procédure (en Belgique, la langue de la procédure peut être le français, le néerlandais ou l'allemand en fonction du lieu). Elle doit alors déposer une demande au greffe du tribunal de première instance dans les 3 jours de la délivrance du mandat d'arrêt. Cette traduction est gratuite.
- Elle peut consulter son dossier la veille de l'audience de la chambre du conseil.
- Son avocat peut lui fournir des informations supplémentaires sur la suite de la procédure.
- Si elle ne possède pas la nationalité belge, elle a le droit de prévenir ses autorités consulaires de son arrestation.

Il est à noter qu'un **mineur** ne pourra en aucun cas renoncer à l'assistance d'un avocat pour son audition. Celui-ci pourra être entendu sans la présence de ses parents. L'avocat étant son représentant légal à ce moment-là.

F. Schéma d'une arrestation judiciaire

Avec l'ensemble des explications sur la détention préventive, la privation de liberté judiciaire, la délivrance d'un mandat d'arrêt et d'autres notions exposées plus haut, le cheminement d'une arrestation judiciaire peut être repris comme suit de manière simplifiée :

Fait infractionnel commis punissable d'une peine d'emprisonnement

↓

Privation de liberté judiciaire de la personne par les services de police (maximum 48 heures)

↓

Confirmation de l'arrestation par un officier de police judiciaire (si non-confirmation, relaxe de la personne)

↓

Avis au parquet qui confirme la privation de liberté (si non-confirmation, la personne est libérée)

↓

Juge d'instruction saisi par le parquet pour la délivrance d'un mandat d'arrêt (la détention préventive débute). (Si non-délivrance du mandat, relaxe de l'individu)

↓

Passage de la personne devant la chambre du conseil (dans les 5 jours de la délivrance du mandat puis de mois en mois)

↓

Confirmation du mandat d'arrêt par la chambre du conseil, la personne reste en prison le temps de passer devant les assises ou un juge d'une juridiction de jugement en fonction du fait commis (si le mandat d'arrêt n'est pas confirmé, la personne est relaxée)

↓

Appel de la décision possible auprès de la chambre des mises en accusation

À chaque stade de la procédure, la personne privée de liberté de manière judiciaire peut être relaxée et finalement comparaître libre devant un juge d'une juridiction de jugement.

VI. Cas particulier des malades mentaux

Ce chapitre concerne :
– la loi du 26 juin 1990,
– les critères d'une personne atteinte de maladie mentale,
– la durée d'une mise en observation.

La privation de liberté peut également concerner des personnes atteintes de maladie mentale. La police se charge de cette privation de liberté en procédure dite « urgente ». Cette procédure est notamment appelée « la mise en observation » ou « collocation ». Celle-ci est régie par la loi sur la protection des malades mentaux du 26 juin 1990, mais également par l'article 18 de la loi sur la fonction de police qui stipule ce qui suit :

« Les services de police surveillent les malades mentaux qui mettent gravement en péril leur santé et leur sécurité ou qui constituent une menace grave pour la vie et l'intégrité physique d'autrui. Ils empêchent leur divagation, s'en saisissent et en avisent immédiatement le procureur du Roi. Ils se saisissent de ceux qui leur sont signalés comme étant évadés du service psychiatrique où ils avaient été mis en observation ou maintenus conformément à la loi et les tiennent à la disposition des autorités compétentes. »

Une personne est reconnue par la loi du 26 juin 1990 comme étant atteinte d'une maladie mentale lorsqu'il est établi :

- qu'il s'agit d'un malade mental identifié par les médecins ;
- que le malade met gravement en péril sa santé et sa sécurité ou qu'il constitue une menace pour la vie ou l'intégrité d'autrui ;

- qu'aucun autre traitement que le placement en hôpital ne peut donner satisfaction.

Ces trois conditions sont cumulatives. Et dans ce cas-ci, il s'agit bien d'une mesure de protection de la personne concernant la privation de liberté.

Il est à noter que l'inadaptation aux valeurs morales, sociales, religieuses, politiques... ne peut être considérée telle quelle comme une maladie mentale, sauf si les trois conditions énumérées ci-dessus sont remplies. Cette loi n'est pas applicable aux toxicomanes et aux personnes dites séniles au sens strict.

Les services de police vont intervenir sur base d'une décision judiciaire ou d'un appel à la suite d'une situation de crise concernant un individu. Par exemple une personne qui casse tout chez elle, qui n'a plus conscience de ses actes (hors usage d'alcool et de stupéfiants) et se blesse inutilement. Les intervenants, au vu des éléments qu'ils ont en leur possession et au vu de ce qu'ils constatent, vont informer de la situation le magistrat de garde de l'arrondissement judiciaire où l'intervention a lieu. Ce magistrat va prendre comme décision de faire voir la personne par un médecin psychiatre sous privation de liberté si les éléments qu'il a en sa possession sont suffisants pour ce faire. Les règles de fouille de sécurité sont toujours applicables et, souvent, les policiers auront déjà pris des mesures conservatoires de privation comme la mise des menottes si la personne représente un réel danger pour elle-même ou pour autrui.

Le procureur du Roi peut également se saisir d'office à la suite d'un avis écrit d'un médecin désigné par lui ou sur base d'une demande écrite d'une personne intéressée. L'urgence doit ressortir de cet avis ou rapport.

Après que le magistrat a été avisé, les policiers intervenants vont se rendre à l'hôpital pour que la personne privée de sa liberté y rencontre un médecin psychiatre. Un entretien privé entre le praticien et la personne va se dérouler dans un local adapté. Après cet entretien, le médecin prendra contact avec le magistrat par téléphone pour l'informer de son diagnostic. Le magistrat confirme ou non les mesures à poursuivre en fonction du diagnostic. Concrètement, soit la personne est relaxée, soit elle est transférée dans un établissement psychiatrique en ambulance escortée par les services de police jusqu'à cet établissement, établissement désigné par le magistrat.

Après cette mesure de mise en observation, le parquet a 24 heures pour informer le juge de paix compétent qui va prendre le relais. S'il s'agit d'un mineur d'âge, ce n'est pas le juge de paix qui sera en charge des suites, mais le juge de la jeunesse. Si le procureur du Roi n'a pas adressé dans les 24 heures la requête au juge de paix (ou juge de la jeunesse) ou si le juge n'a pas pris de décision dans un délai de 10 jours du dépôt de la requête, la mesure prise par le procureur du Roi prend fin.

La mise en observation ne peut dépasser 40 jours. Elle peut prendre fin avant la fin de ce délai s'il y a une décision du procureur du Roi avant que le juge de paix ne statue, mais également à tout moment par les médecins, même si le juge de paix a déjà statué, ou sur décision du juge de paix lui-même. La privation de liberté prend cours au jour et à l'heure où la mesure a été décidée. La personne sera également mentionnée dans le registre d'écrou du commissariat. Un procès-verbal de « personne malade » sera rédigé par les policiers intervenants et le rapport médical circonstancié sera transmis au parquet sous pli fermé. Enfin, le malade sera obligatoirement assisté d'un avocat pour la procédure auprès du juge de paix. En règle générale, les audiences se font à l'hôpital. La durée du maintien ne peut excéder 2 ans.

En ce qui concerne la privation de liberté, cette dernière est plutôt de nature administrative que de type judiciaire comme cela est expliqué dans le rapport du Comité P concernant la situation des malades mentaux et de la police au 15 décembre 2016, compte tenu de la notion de péril, de l'article 18 de la loi sur la fonction de police et de la notion du maintien de l'ordre public. Dans ce cadre-là, outre l'avis au magistrat, il sera également effectué en premier lieu un avis à l'officier de police administrative par les intervenants.

VII. Cas particulier des mineurs

Ce chapitre concerne :
– la loi du 08 avril 1965,
– la définition d'une personne mineure,
– les mesures de placement,
– le dessaisissement du juge de la jeunesse.

La loi du 08 avril 1965 relative à la protection de la jeunesse concerne la prise en charge des mineurs ayant commis un fait qualifié d'infraction et la réparation du dommage causé par ce fait.

En Belgique, toute personne est considérée comme mineure jusqu'à l'âge de 18 ans. Le mineur est reconnu comme étant « incapable » d'un point de vue juridique. C'est-à-dire qu'il ne peut prendre de décisions seul au niveau de ses droits et obligations.

À cela s'ajoute également l'âge de discernement qui n'est pas fixé par la loi. L'âge du discernement est à déterminer au cas par cas. On peut définir celui-ci comme étant un âge auquel l'enfant est suffisamment mature pour savoir ce qui est bon pour lui, mais aussi pour les autres et ce qui ne l'est pas. Toutefois, dans le décret relatif à la protection de la jeunesse, on considère qu'un enfant de moins de 12 ans n'a pas la capacité de discernement. En effet, l'âge de 12 ans est un âge à partir duquel un enfant pourra donner son accord quant à un lieu de placement, pour autant qu'il soit assisté d'un avocat et même si cet accord va à l'encontre de ce que veulent les parents par exemple.

Concernant les privations de liberté des mineurs, les règles concernant les fouilles exposées plus haut, qu'elles soient de sécurité, judiciaire ou d'avant mise en cellule, restent identiques.

Toutefois, en fonction de l'âge du mineur et de ce qui lui est reproché, la mise en cellule ne se fera pas d'office. En fonction du fait et de l'avis au magistrat, il sera évalué si la privation de liberté doit être maintenue ou si le jeune peut retrouver ses civilement responsables (parents, tuteurs). S'il y a mise en cellule, cela se fera dans une cellule adaptée.

Lors d'une privation de liberté d'un mineur, il y a lieu d'avertir père et mère de ce fait. Il y a une obligation de moyens, mais pas de résultats. On va informer les parents du pourquoi de la privation, leur préciser s'il y a présentation devant le juge d'instruction et les mettre au courant des suites probables.

Lors d'une privation de liberté, le mineur ne peut renoncer à une concertation confidentielle avec son avocat ni à l'assistance de celui-ci durant l'audition. Toutefois, s'il n'est pas possible de trouver un avocat malgré toutes les démarches entreprises par le personnel policier, qu'il n'est pas possible de reporter l'audition, avec l'accord du magistrat, il est possible d'entendre le mineur sans avocat et sans concertation confidentielle. Mais ces cas sont très rares.

Concernant le triptyque judiciaire, celui-ci requiert un avis au magistrat qui donnera son accord pour le faire si le mineur a moins de 14 ans. Au-delà de 14 ans, il n'y a pas d'accord du magistrat requis et il peut se faire d'initiative par les intervenants. Quant au menottage, cela reste à l'appréciation des policiers.

Comme dit plus haut, pour les mineurs, le parquet et donc le magistrat compétent, ne sera pas forcément celui du lieu des faits comme pour les majeurs. Il existe une compétence territoriale du parquet. Il s'agit du lieu de domicile du mineur.

Le magistrat peut prendre diverses décisions concernant le mineur. Le relaxer, demander une médiation pénale (qui est la suite à donner de façon prioritaire), faire un rappel à la loi ou saisir le juge de la jeunesse. Ce dernier peut prendre également diverses mesures qu'elles soient de placement, de remise en famille, de prestations éducatives, de formations, de concertation restauratrice en groupe (il s'agit d'une médiation entre le jeune, la victime et la société). Si une mesure de placement en IPPJ (Institutions publiques de protection de la jeunesse) est ordonnée, le placement en centre ouvert est interdit pour les moins de 12 ans et interdit pour les moins de 14 ans en centre fermé.

Un placement en IPPJ commence toujours en section ouverte avant celle fermée, sauf s'il s'agit d'un placement d'urgence.

Un juge de la jeunesse peut également se dessaisir d'une affaire et le jeune sera alors jugé comme un adulte. La loi impose de motiver ce dessaisissement et il faut que le jeune ait 16 ans au moment des faits.

Un juge d'instruction peut également instruire un fait à charge d'un mineur, mais il ne peut prendre aucune mesure de contrainte à l'égard du mineur sauf s'il a reçu des réquisitions du ministère public en ce sens. Ses compétences s'arrêtent lorsque le mineur est interpellé. Le dossier revient alors au procureur du Roi compétent qui pourra saisir un juge de la jeunesse. Un mineur ne sera mis sous mandat d'arrêt que par le dessaisissement du juge de la jeunesse. Le juge d'instruction prend alors le relais. S'il y a mandat d'arrêt, le mineur est considéré virtuellement comme un majeur, mais il reste mineur. Il n'ira donc pas en prison, mais en centre fermé.

Lorsqu'un juge de la jeunesse rend son jugement concernant un mineur, la mise en œuvre de cette décision incombe au SPJ (service de protection judiciaire) qui doit faire rapport. À ne pas confondre avec le SAJ (service d'aide à la jeunesse) qui est un service qui n'a aucun compte à rendre au pouvoir judiciaire et qui est en dehors de tout lien avec celui-ci et qui n'intervient que dans un cadre *protectionnel*. C'est-à-dire qu'il n'y a intervention de ce service que sur base de l'aide consentie, lorsque les différentes parties sont d'accord par rapport à la décision prise par l'autorité en cause.

Pour un mineur se retrouvant dans le cadre de la loi sur les malades mentaux, ce ne sera pas in fine le juge de paix qui sera compétent, mais le juge de la jeunesse. Le reste de la procédure reste la même.

Au niveau des procès-verbaux, il y aura un procès-verbal par mineur en cause pour un même fait. Ce n'est pas le cas pour les majeurs.

L'ensemble des droits Salduz énoncés plus haut sont également d'application pour les mineurs.

Le délai de privation de liberté est théoriquement de 48 heures comme pour les majeurs, mais, il est de mise de réduire ce délai au maximum.

Table des matières

Merci aux personnes ayant pris le temps de lire cet écrit avant sa publication, pour leurs précieux conseils, leurs corrections et leurs avis.